마음을 거울로 보면
날마다
행복해요

경남시인선 251

그대 숨은 꽃자리 아래

조수미 시집

도서출판 경남

시인의 말

언어의 구속에는
말이 있고
시인의 구속에는
언어가 있다

잠시
잠긴 마음을 열고
몸의 털 부풀려

자유의 세상으로
나르고 싶은
가슴의 통증

2025년 가을

| 차례

시인의 말 • 3

제1부 보리

개나리 우편함	10
개미	12
구름나무	13
그래도	16
난전	18
마당	20
보리	22
그림자	24
가스보일러 수리공	25
부추	26
씨암탉	27
종구라기	28
흙	30
관계	32

제2부 단추

군불	36
꽃 이불	37
나비무덤	38
아버지 영정 앞에서	40
문	41
단추	42
뜨다	44
말 무덤	46
파도	48
빈집	49
보자기	50
산딸기	52
오월	53
여름 배롱나무	54
헐벗은 여름	56

제3부 곶감

가을	58
가랑잎	60
감의 온도	61
곶감	62
머루포도	63
그런 책	64
대추	66
맞이방	68
배롱나무	70
붕어빵	71
빗소리 예절	72
사과의 온도	74
석류	75
그때 다듬이 방망이가	76
연중행사	78

제4부 주남저수지에서

그해 일기	82
기차 여행	84
까마중	85
담쟁이	86
독	88
뒤웅박	90
바위처럼	91
물의 지도	92
밤바다	94
시월의 구름	95
솜이불	96
어시장	98
의자	100
주남저수지에서	102
향수	104

제5부 능소화

개나리	106
찰나	107
경호강·3	108
경호강·5	110
꽃잎	111
능소화	112
복숭아 주무르지 마세요	113
마지막, 귀	114
"아나바다"	116
아마도 당신에겐 내가 장미 아닐까요?	118
화분	119
천왕봉 부엉이	120
치자꽃	122
화엄봉	124

해설 유년의 강에서 길어 올린 상상력
　이응인 시인 • 126

제1부

보리

개나리 우편함

폴짝, 담장에서 봄이 뛰어내리면
감나무 아래 꽃나무들은 젖몸살을 앓는다

열여섯, 나도 무화과만 한 젖무덤 키울 때
개나리는 우편함이 되었을까

쪽지 편지는
돌담 구멍으로 기어드는 휘파람 소리와 함께
가지와 가지 사이에서
나를 부르며 찾고 있었다

아버지 기침 소리는
가슴을 졸여 놓고
그네 타는 꽃가지는 바람을 흔든다

창호지에 붙은 유리를 이용해
마당을 살피는 버릇이 생겼다

뒷간은 나를 빙빙 돌리고
늘어진 꽃가지를 손으로 쓸어 만지다가
고양이로 날렵하게 쪽지 편지 주워서
남몰래 읽어보는 그 기분,

"나는 네가 좋아, 무조건 좋아"

처음으로 받아 본
노랑 고백은
휘영청 밝은 달빛에도 한 번씩 피었지만
샛노랑을 귀로 읽는 그 자체가
나를 어지럽게 했다

개 미

술 취한 사내가 길모퉁이에 쓰러져 있다

새벽 신문이 골목을 돌고
우유도 뜀박질하면서 계단을 오른다

사내의 입에서 액체가 나와
땅으로 흘러내리고
안전화가 일하는 꿈을 꾸는지
쿡쿡 땅에 대못을 박다가 멈춘다

술은 괴로움을 사고
괴로움은 땅을 통째로 사서 베고 누웠다

가로등 불빛을 이불로 덮은 사내
바지에 지도를 그리자
개미 한 마리 수색대처럼 탐색 중이다

구름나무

1

여우비 이동할 채비를 한다
떠날 길 멀고 험난하다
허공을 가로질러 다니면서 콘센트 꽂는다

컵이 기울어진다
출렁출렁 물바다 생겼다
그녀는 빈 페트병으로 가볍게 발을 옮긴다

걸레 집어 몸을 닦는다
물기가 조금은 걸레로 옮아간다
걸레는 내 아픔을, 울음을, 괴로움을 적시고 씻고 말리면서
입속의 벌레로 살고 있다

강물 위에 거품 같은 물비늘 일렁거리고
스스로 지친 삶의 그림자 펼쳐 본다

2

시어머니는 조카를 안으며 슬쩍슬쩍 내 품 더듬는다
눈길이 마주칠 때면 감전이 되고
한 마디의 거짓말을 부러뜨리기 위해
두세 개의 꽃받침으로 꽃봉오리 감싸안아야 하듯
순간의 시간을 토막 내 숨기고도 싶었다
아픔을 토해내는 몸부림이 열선을 만든다
길도 없는 그곳으로 휑한 눈길을 꺾곤 했다

결혼한 지 십 년 만에
석 달 된 태아

꿈속에서 방울토마토 하나를 입속에 넣었는데
방울토마토는 꼬리가 길어지고
제 몸속으로 오그라붙는 발가락이 있어
가슴이 뛰면서 구름을 끌어와
솜사탕을 크게 만들다가 사라졌다

고압선에 감전된 여자
백 년 울음이 눈으로 솟는다
몇 번을 비워야 했을까

이때,
알람이 방 안으로 성큼 발 들여놓는다
시큼한 사과 냄새가 났다
카악, 한 입 베어 물었다

그래도

하루를 목침 위에 얹고 사시는 아버지,

나는 내게 송곳 같은 질문이 있어
다리와 팔이 많이 필요한 나는 식물로 느껴졌네
눈, 귀, 콧구멍도 두 개라서 참 좋았네

성급하게 달려오는 소나기를 어찌할 줄 몰랐던 나
엄마 가슴엔 콩이 튀고 지붕 위 고추는 속까지 붉었네
도라지와 토란 줄기 말랭이도 나를 자꾸 쳐다보고
내 기분은 엄마 발자국을 뒤따르다 깊은 산속으로 꼭꼭 숨고도 싶었네

측은한 방 안의 모습을 캐보려 했지만,
아침 접시를 깬 엄마와 아버지의 세계는 또 어떻게 해야 할까

감정이란 게 발가락 같아서 손가락으로 더 길어지기 전에 후딱 치우려 하네

나는 엄마 얼굴과 진짜 아픈 아버지를 엮어 생각을 더듬으며

세상을 짊어질 힘이 생겼네

아버지를 믿고 따르는 엄마가 참 신기했네

난 전

참 떠들썩한 소리, 허공은 숟가락도 없이 먹어 치운다

난전이 어렵사리 펼쳐진다

묘목밭 매고 삼십 원 받았다 도라지 캐고 고사리 꺾고, 땔감을 구했다 오빠와 산청읍의 목욕탕, 가정집에 내다 팔았다

새벽 네 시 이웃집 개는 날치기당한 가방처럼 다급했다 달빛이 살금살금 발을 감싼다 닭이 홰를 치며 또 운다 나뭇짐 위에 책가방 동여매었다 리어카를 밀고 당기면서 온 힘을 바퀴에 실었다

공납금의 무게가 나무 몇 짐을 번쩍 들어 올렸다

햇발이 산을 넘기도 전 시린 발 동동거리며 달아나는 쥐 뒷모습 본다 박 선생님이 지나가시며 조용히 이름 불렀다 이 시간에 왜 교문 앞에 있느냐? 허공은 손가락도 없이 울었다

때론 뒤집어 신고 싶은 신발 허공에 매달아 얼굴을 덮었다

잠시 졸고 있는 나는 불손한 손님은 아닐는지

마 당

방문이 열리고 눈빛이 마주치자
눈동자까지 점령한 황달을
어린 가슴은 눈물만 훌쩍 훌쩍

시간이 지나면 흑달이 된다고
병원 가기 전부터 입 맞추는 사람들
퇴원 후 아버지 보니
얼굴은 무거운 구릿빛

등 긁어 드리려고 웃옷 들자
앙상한 뼈가 날카로운 손톱을 조심조심 흔든다

혈관마저 좁아졌는지 역동적인 힘 기울고
울퉁불퉁 의욕에 찬 마당은 어디로 숨었을까

엄마와 싸우다가 목소리를 불티처럼 날리던 패기,
자녀들 훈육에 싸릿대 뽑아
마루청으로 내달리던 무서움마저
이젠 다 내려놓으셨단 말인가

나는 그 마당을 비로 쓸 듯 손으로 쓰다듬으며
속울음 숨기고 있다

마당이 손의 물마루가 된다

보 리

풋보리는 생각이 많습니다
날씨는 강나루 치아처럼 정갈합니다
바람은 보리를 흔들고 싶은데 조심스럽습니다

아버지의 도리깨질 어깨가 생각나고
엄마의 굶주린 배고픔이
대청마루에서 물바가지에 간장 섞어
벌컥거립니다

밀밭 지나온 바람이
사과꽃 얼굴을 쓰다듬다가
보리밭 앞에서 걸음을 멈추고
보리는 보리에게 마스크를 건넵니다
옆에 있던 깜부기가 나도,
하나를 다시 건넵니다
그게 보리가 살아가는 방식이고
살아내야 할 생이니까요

질펀한 삶도 더 깊게 뿌리내립니다
후 후 후, 갑갑한 마스크, 가쁜 숨 몰아쉬고
허공 움켜쥔 숨소리 다시 밖으로 내뱉기까지
아픈 나눔은 계속됩니다

간직하고 싶지 않은 보리 가시랭이 도리깨질하자
넓은 들이 휘파람 소리를 냅니다
엄마 아빠의 지난 생이 눈가를 데웁니다
시린 가슴에 푸른 물결이 일렁입니다

그림자

내 가슴 뜨거워져 빈 종이에 옮기다 보면
은유로 엮어가는 디딤돌 문장인데

시어만
건드려 놓고
달아나는 사랑아

사랑에 눈이 멀어 뒤돌아보면
아득한 그 시간은 발자국 동여매네

우리네
삶이라는 건
뒤쫓아 온
슬픔이지

가스보일러 수리공

오전의 시간에 꼬리라도 달아주고 싶다 오후가 되면 불안하다 고장 난 보일러는 따뜻한 물을 뱉을 줄 모른다 바깥 날씨는 영하를 알린 지 며칠 지났다 수리공을 불렀더니 뱀의 혓바닥을 붙여 왔다 설명은 유창한데 손으로 만진 보일러가 따뜻한 물을 쏟아낼 줄 모른다 밤이 가까워지자 나는 어지럼증이 생겼다 저녁에는 투숙객을 받아야 한다 이번에는 수리공이 여우의 꾀를 빌려왔다 그럴싸한 몸짓으로 만지고 주물러도 구지가만 불러댈 뿐, 초조한 가슴에는 바위 하나만 틀어박혔다 하루 이틀, 사흘이 지나고 전화 횟수는 몇십 회를 넘겼다 부산에서 온 수리공은 체구부터 남달랐다 매의 눈을 달았다 궤변을 늘어놓던 수리공과는 달리 먼저 눈으로 기계를 훑어갔다 도중에 노모로부터 전화를 받았다 팔순을 넘긴 노모는 오십 대 아들의 저녁 끼니를 걱정했다 노란 달빛이 빨갛게 변하기 전에 집으로 돌아오라는 전화였다 그 순간 쇠의 숨통을 찾아냈다 무겁게 발등을 누르던 한숨이 날아갔다

부 추

낫을 낮춰라
최대한
잎과 뿌리로 나뉘는 부분까지

아버지 말씀이 명령하듯
팔목을 낮추고

땅을 지나온 낫
흙 묻어 잘 들지 않아도
최상의 예의를 갖췄으니
시절 만나면 좋은 일 있을 게다

삶도 이와 같은 이치거니
자신부터 낮추다 보면
다툴 일은 절로 없을 듯

씨암탉

햇대에 불붙네 허공을 찌르는 뜨거움이 화르르 화르르 널뛰기 시작하네 햇불은 경호강으로 흘러 달빛과 동행을 하네 고기를 찾네 다슬기도 찾네 매미는 높였던 목소리 낮추네 조무래기들 실개천 따라서 길어지는 노래 부르네 강물 속에는 다슬기 푸른빛이 바위를 더듬고 히죽히죽 웃는 흰 고무신 몇 년째 떠내려오네 그녀는 다슬기만 보면 반딧불을 떠올리네 허공을 날고 싶은 충동이 이네 햇불은 하류에서 물뱀처럼 움직이네 나는 모래밭을 거닐다가 발밑에서 꿈틀거리는 모래무지보다 먼저 놀라네 놀란 녀석 저만치 나앉아 물 위에 퍼덕이는 가슴팍 모래 불어 식히네 퐁당퐁당 조막손 바위 이끌리어 다슬기 쌓이네 햇불이 그을음 뱉어내네 온몸에서 닭살이 돋아나네 털이 몸을 떠나려 하네 어떤 여름은 우리 집 지붕을 건너뛰기도 한다네

종구라기

칠흑 같은 어둠에 에둘린 별 하나

일각을 면벽의 소금 기둥으로 세워
혀끝으로 그려보는 동경의 세계
짠물에 갇혀 있어도 본성에는 변함없다

시간의 더께가 늘어날수록
존재의 가지는 사ㄴ나들고

누구 하나 거들떠보지도 않는 공간에서
밤과 낮이 따로 없고
슬픔도 기쁨도 몸으로 받아내야 하는
상스러운 비밀의 혓바닥

무아의 경지가 이런 것일까

남과 나를 비교한다는 것은
그나마 한 가닥 희망이 있을 때일 테고

볕 좋은 날
장독 뚜껑 열어 주기만을 기다리는 나는
엷은 달빛이라도 그리워하기 때문인데

종구라기와 나는
거기서 거기

흙

다시 콩밭에 갔다
머리에 수건을 쓰고 쪼그려 앉아
닭 모이 쪼듯 호미로 땅을 쪼아 댄다
호미 먹이는 잘게 바스러진다
바랭이들 힘없이 눕고
지렁이는 꿈틀꿈틀 새 길을 낸다

개 혓바닥처럼 늘어진 햇살
내 등과 아이 등을 번갈아 핥아대고
땀방울이 밭고랑에 그림을 그린다
콩밭 사이로 도시 기억이 솟아오르고
아이는 제비 같은 입을 자꾸 벌린다

그 입에 아이스크림 하나 물리고 싶다
항아리의 간장과 된장은 땀으로 발효되고
어쩌다 바람 한 점 불어오면
몸이 알아서 간을 맞춘다
냉수 한 모금이 보약보다 더 고맙다

호미를 겨드랑이에 끼고 집으로 돌아오면
아이는 세수한 얼굴로 거울을 토닥거리고
나는 고구마 두 개, 시장기 집어넣고 몸져눕는다
아이는 물수건을 번갈아 얹어 준다
손톱 밑의 흙은 나보다 더 앓았을 것이다

관 계

밥 한술 떠서 입에 넣는다

음식 냄새가 병원 창문을 열고
건강할 때 말아 두었던 바람이
미색 공간을 꽉 채운다

나도 한 공간만큼 마음을 게워냈다
삶의 밑그림에는 가족의 울부짖음이
민들레 풍매화로 언덕을 오르고
달포가량 두려움이 앞섰다

창밖 세상은 우주를 향해 돌고, 돌고
별도 달도 꿈의 신발을 신은 채
고요의 오솔길을 걷고 있지는 않을까

이토록 한술 밥이 소중한데
그리움이 아니라
허기 안고 숨 쉬었나 보다

아린 바람이 기억의 일기를 쓸 때는
나를 몇 등분으로 나누어서
다시 그 조각으로 완성도 해 보았다

모래알이 밥알로 변하기까지
내 이마에 주름살 붙여놓고
가을 나뭇잎 하나 둘
떠나면서도 왜 뒤돌아보았을까

'못 잊어 못 잊어'

우리의 서먹함은
뼈와 살 속에서
그림자로 살고자 했을 뿐

제2부

단추

군불

액자에 남녀가 있다

붉은 치마에 검정 저고리 여자
온통 빨강으로 멋을 부린 남자

눈을 맞추고 거리를 지우더니
허리를 휘감고 입술을 훔치고
체온을 부채질하며 달라붙는다

아랫목이 타오른다

꽃 이불

가슴속에는 무덤 하나 생겼지
당신을 그렇게 떠나보내고

그리움은 태워야만 피어나는 것일까

펼친 꽃 이불 볼 때마다
당신을 눈물 속에 잠재웁니다

나비무덤
—앙코르 와트

계단을 오른다
하늘 아래 첫 무덤
검고 웅장하다
내가 섰던 곳의 발가락이 바르르 나를 지우며
차마 뒤돌아볼 수도 없는 무섬증 안은 72도
계단에 지친 나비 무리들
한 발 무겁게 옮기는 무덤의 중심
석축이 나비를 흔들어 댄다
나비는 어지럽게 내둘리고
흔들리는 하늘만 잡고 늘어진다
그림자도 커졌다 작아졌다
비명 소리들도 뒤따라 흔들린다
비에 씻기고 석불에 닦인 흰 울음들
우르르 이리저리 쏠리고
시간이 지남에 따라
다져진 흙들이 살로 뼈로 어우러져
부처님을 웃게 만들었으니
계단으로 정갈한 마음이 두 손을 모았다

고개를 숙였다
신이 곧 무덤이다

아버지 영정 앞에서

못 배운 설움을
마음으로 전하시던 당신,

그 아픔 뼈끝 시리도록 박혀
한탄의 소리는 그리움으로 피었다

하늘가 별로 태어나서
한세상 설움을
저토록 밝게 비추실까

눈물의 종류 중에 다중을 지칭하는
허공을 열고 나온 가장 맑은 공다지*

*공다지: '공짜'의 경북 방언.

문

주춤주춤 거실 공기를 휘감아 현관으로 나선다
아들과 나 사이에는 틈이 생겨서
육중한 몸 땅에 붙은 창으로 밀어 넣는다

창은,
꽃잎으로 이어진 창은 귓속말로 속삭이고
연약한 몸으로 이슬을 받아내듯
하루의 일과와 외출을 받아 올려 얹고
직립인으로 만든다

주름치마 다려 입고 귓속말로 건네오는
아들의 준비물 챙겨
한 바구니 기타 줄을 뜯어 놓으며
초등학교 교문에서 미술 시간 건넨다

거실에 포개 두었던 위험했던 바람이
교정의 나뭇잎에서 살랑거리고
아들은 들어서는 문이 되고
가슴은 세상을 에두르는 큰방이 된다
살포시 창을 밀며 돌아서는 발자국

단추

바깥 공기를 몰고 온 당신은,
벽이 후줄근한 나를 다시 입어 보는 사이
발등 위로 축축한 눈망울 쓸어내리고

내가 팔려 가는 생각을 할 때
당신도 나와 같은 꿈을 꾼 적 있을까

멀리서 고향 생각에 꾸벅 절이라도 하려는 사람처럼
꼬리로 제 등짝 후려치는 어미소 서 있고

어머니가 남긴 까치밥, 시린 잇몸 드러낼 때
논과 밭도 허공의 전깃줄로 경작 정리라도 해 보았을까

방바닥이 주워 먹은 동그란 단추
당신도 나도 쉽게 다가서지 못하는 카테고리

당신 팔면 몇 마리의 송아지 살 수 있을까

블라우스는 야윈 손 살랑살랑 흔들어 보다가
타향으로 팔려 가는 어미 소 바라보며 발 동동

내 학비로 첫걸음마 떼며 껌벅거리던
송아지 떨어지는 눈망울

뜨 다

뜬다는 것은 한 걸음을 걷는 것이다

양발엔 물신을 신고
발자국마다 자국이 생겨도
그렇게 조심스럽게 간다
아주 천천히

내 안의 비밀 계획표를 코바늘에 건다
삭정이의 눈망울로
한 코라도 놓치지 않으려 한다
슬금슬금 거미줄 같은 무늬 새긴다
나비 불러 향기까지 맡게 한다

눈이 침침하고 짓무른 바깥의 세계
밤은 또 새날이 오는 줄도 모른다

하늘의 샛별이 기운을 잃었다
문밖에 보초 섰던 어둠은 슬그머니 자리 뜬다

목마른 밤을 실에 꿰고
내가 나를 찾는다

말 무덤

말의 고향은 어디 있을까?

말의 씨앗이 공간을 이동하려면
삼천 번의 고된 훈련과 고도의 노력으로
바깥나들이를 한다는데
말은 항시 제 무덤을 끌고 다닌다

죽어도 결코 죽은 것이 아니지만
제 스스로 죽을 곳을 정하고
매무새를 가다듬고
벼랑과 낭떠러지를 탐색하며
사력을 다해 살 곳도 정한다

항시 배려하는 것을 근본으로 삼으며
둘이서 하나의 물건을 받드는 원리와 같아
내가 무거워지면 상대는 가볍고
상대가 수월하면 나는 무겁다

언술에 능한 사람들아
세 치의 혀끝은 무서운 칼날과 같으니
말 함부로 하지 마라
입에는 재갈을 물리고
할 말과 안 할 말을 가려서 해야 할 것이다

말을 섞을 때는 무거움을 택하고
상대를 가볍게 해 주어야 한다
말은 곧 꿈이요 메아리와 같은 것이다

파 도

대장장이는 망치로 때려
녹을 제거하지만
내 안의 번뇌는 흔들면 깨어난다

누군가 때린다고
다 맞을 필요는 없는 일

힐끗, 흰 눈이 열렸다 닫히면
온순한 세상이 날개를 퍼덕인다

빈 집

당신 가슴을
내가 드나들 땐
물음표 만들고

내 마음에서
당신 머물면
찍어보는 느낌표

함께 원을 그리다
사각형으로 빠져나온 내 사랑은
쉼표를 찍어

온기마저 놓쳐버린

보자기

뺨이라도 베어갈 듯한 바람
교복의 안깃까지 들춥니다
아무리 털어봐야 먼지뿐인데
석전삼거리의 텃새 바람
유난스레 호들갑 떱니다

등교시간은 지각을 알리는 종소리 물고
가방 든 손등에
따끔거리는 침 놓아대고
요금이 15원인 버스는 휑 지나갑니다

시내버스 노선 따라 뛰다가 걷다가
굳게 닫힌 교문에 발 동동 구르는데
주임 선생님께 발각돼
지각 만세 부르고

미안한 마음 교실로 들어서니
오늘은 아직 교직원 조회 중,
이제껏
세상에서 제일 큰 보자기는
햇살이라 생각했는데
그보다 더 큰 것은
교실의 열린 문이었습니다.

산딸기

여항산 오르는 내 나이 스무 살,

칭얼대는 눈길에 가슴 빼앗기고

뜨겁게 오는 마음 살짝 들킬까 봐
잎새 뒤에 숨어서 손사래 쳤네

당신도 나인 양 붉어지는 볼

콩닥거리는 가슴을 가만히 안고
조심스레 당신 품에 안기고 말았네

꿀꺽, 군침이 목젖을 치네

오 월

담장 깨워서
붉은 장미 내걸고
아카시꽃 튀긴 기억을 먹는다

가슴에서 향이 솟는다

산 넘고 나를 건너
바람의 힘으로 달려온 꽃가루

장밋빛 가슴에 입 맞춘다

눈 시린 꿀벌의 날갯짓
가시 돋친 몸살들

오월은
제 키를 스스로 높이는
하이힐이다

여름 배롱나무

전동차를 타고 달리는 배롱나무 있다

오랜 가뭄이 목젖을 붙잡는 오후
뙤약볕을 키로 감추려고
머리에 면사포를 뒤집어쓰고

대로를 지나 자갈길 들어서면
곡식들은 짙은 녹색에 메마른 몸을 비틀고
춤꾼 아닌 춤꾼 되어

나는 여름을 꽃피우는 광대,

그나마 한번씩 구름이 그늘을 협찬한다

다시 전동차 타고 길을 가면
기우제의 애끓는 마음이 하늘을 원망하고
그림자는 향기처럼 따라붙는다

삼복더위는 열쇠를 단단히 잠갔는지
쥐 죽은 듯 잠들었고

여름을 불붙이는 매미의 등이라도 있다면
그 등의 지퍼를 쭉, 내리고
간지럼을 참으면서 앙증맞게 웃는 모습 보고 싶다

빗소리가 입술의 립스틱으로 올 때까지

헐벗은 여름

장독대 바깥,
노란 호박꽃 등불로 켜졌다

담장은 주인을 닮아 단아하고 정갈하다
그 아래 크고 작은 항아리들
유치원생처럼 줄 서 재잘거리고
광주리에는 고추가 온몸을 드러냈다

태양초는 달빛과 햇빛으로 옷을 지어 입었나!

푸른빛은
하늘가의 그리움 물에 적셔 말리고
붉은빛은
사무치는 바람을 빗질하여 지었을까?

그리움은 가슴에 불꽃을 심는 것

삶의 등불 앞에
나는 헐벗지 않았다

제3부

곶감

가 을

당신을 붓으로 들었지 난,
물통에 빠뜨렸는데 자꾸 일렁거렸지

물에 잠긴 붓의 아우성
비로 쓸 듯 몰아붙이고
기억의 몸이 붉어지도록 쿨럭거렸지만

당신이 붓이 되는 순간 나는 물통이 되었지

가슴을 움직이는 기억
마른기침 소리만 자주 내뱉을 뿐

가슬가슬 말라가는 당신 모습을
물통에 담갔다가 몇 번이나 다시 돌렸을까

당신이 돌리는 어깨를
바람은 수시로 돌리고 되돌리고
또 현기증 불러세우고

물통 속에 잠길 때마다
풍경을 뿌려놓는 물빛 둘레길

가랑잎

금산을 오른다

나뭇잎 하나 떨어져
메고 가는 가방 위에 앉았다

친구가 치우려 했다

한세상을 매달려 살았으니
잠시만이라도 좀 쉬게 내버려 둬

침묵이 가방을 에워쌌다

감의 온도

점심시간이
비포장도로를 달렸다

쌀 한 톨 섞이지 않은 꽁보리밥을
살강에서 건네받아
배추 조리개와 소나기 내리듯 쏟아붓는다

동작 빠른 친구는 담 밖에서 부르고
삶은 고구마 들고서 뛰쳐나간다

바지 허리춤에 둘둘 말아 온 단감을 꺼내
한 입을 권하는 친구에게 손사래치며
친구 한 입, 내 한 입
우리는 감의 온도를 올리고 있다

곶 감

미처 끊지 못한 탯줄
배꼽에 붙여
삶의 그림자 드리웁니다

전생은 무엇이었을까

세상에 단맛이란
그저 주어지는 게 아니랍니다

바람은 지나다
붉은 볼 매만지고
속내는 솜이불 덮어 말리고
햇살은 또 슬그머니
황금침 놓습니다

꿀꺽, 내가 나를 넘어 봐야
비로소 맛 드는 사랑

머루포도

처음 만난 순간부터
짝사랑했습니다

덩굴 아래 숨어서

샛노란 가슴엔
붉게 타는 속마음

잎새가 바람을 흔들 때마다
내가 나를 간보는데

이 기분 아시나요
들이미는 까만 단물

그런 책

내 머리통을 가져간 남자가 나를 철길 위에 묶어 놓았다

베레모 쓴 남자는 손으로 아랫도리를 만졌다
내 눈길은 반사적으로 먼 곳을 향한다

남자의 우산 자루가 점점 길어진다
길쭉한 바람 들어 풍선으로 툭, 튀어 오른다
혀가 날름날름, 로켓 쏘는 장면 떠올린다

자전거를 탄 사내가 언덕 아래 길을 지나간다
두 사람의 아랫도리로 줄넘기 돌리고, 나는 웃는다
붉은 립스틱을 바른 여자가 다가온다

긴 담뱃대를 가랑이 진 곳에서 꺼낸 남자는
촛불을 켜고 싶었을까

나는 발이 묶이고 입까지 얼어버렸다

두 사람의 눈길 사이로 번개가 번쩍인다
전류로 변해버린 남과 여,

어둠을 뒤집어쓴 여자 입술 떨리고
수건 문 늑대도 스르르 몸을 떤다

잠시 침묵이 흐르고,

말간 홍등이 켜져 있는 터널은 숨소리 재운다

＊프랑스 작가 마리옹 파욜의 도발적인 그림책 《어떤 장난》에서 차용.

대 추

　등 뒤로 그 사람을 불러낸다

　보이지 않는다
　보이지 않아도 좋다

　목련으로 피어난 사랑을 대추나무에 번개 매달로 걸었던 그녀
　결국 비를 멀리하지 못해 우왕, 울음이 울음의 등을 올라타면
　먹구름 지나온 가슴엔 회오리바람 일고 이럴 때는 몸도 한없이 늘어났다

　이끌리는 몸짓에 황소개구리가 등을 뒤집고 먼 산도 정신없이 송홧가루 뿌리고
　못자리 볍씨는 뾰족뾰족 잘도 자란다

　묵정밭 지키는 경운기는 녹슨 가슴을 말라가는 대추로 여겼을까
　아주 잠시나마 등을 좋아했던 생각에 잠긴다

같이 산 세월은 삼 년, 보낸 세월은 삼십 년 흐르는 수로에 한 생을 띄운다

 물고의 바람은 아직도 서늘하고 마을 어귀 귀목의 노랫소리 먹먹한데
 가슴 열어 데워 준 그 사람 버리지 못해 밤과 낮은 몸을 섞기도 하지만

맞이방*

이른 아침이 낙동강 하류로 흐른다

용의 몸짓 같은 물안개를 펼쳐 놓고
푸른 물결은 제 몸 길이대로 유유히 머리 빗질을 한다

박새 한 마리의 노랫소리는 예쁜 핀으로 꽂혔을까

구름아, 구름아 먹물 안고 휘둥그레 뛰던 구름아
걷다가 숨차고 가슴 답답하면
입김이라도 덜어서 강물 위에 내려놓고
한숨 돌렸다가 가게나

한낮 되니 승천한 물안개 바람 타고 굽어보고
엄마의 큰 가슴을 빌려서 껴안아 준다

내 너를 위한 단 한 번의 눈짓으로도
우연 아닌 만남의 방 만들었으니
우리 함께 쉬었다 가게나,

솔바람 향기가 등에 부채질한다

*맞이방: 원동역에 마련된 쉼터.

배롱나무

겨드랑이 밑으로
아이, 손바람 쥐고 들어와
간지러운 붓 끝의 세계가 열려

함박웃음 하늘 향해 발돋움할 때
조그맣고 발그레한 볼에서
지독한 사랑 치렁치렁

천년이 지나도 잊지 못할 그 형상
바람은 아프게 피우고
햇살은 붉은 옷 입히니
이생을 어찌 널 위해 쓰지 않으랴!

매끄러운 살갗에
밤낮으로 발라보는
내 인생의 향수

붕어빵

걸쭉한 막걸리를 마시며
딸의 재롱을 잔 속에 담그던 아버지는
붕어빵 몇 개 사서 안주머니 넣는다

시장의 붕어는
신문지에 둘둘 말렸어도
깔깔깔 잘 웃고
기다리는 딸 맘을 쏙 빼닮았을까

고소한 냄새의 십 리 길은
빵 할머니의 칼칼한 성격을 구겨 놓고
흰 머리카락이
신문지의 글자를 되새기며
붕어의 비늘도 만들고 있다

뭐니 뭐니 해도
세상에서 제일 맛있는 붕어빵은
막걸리 한 잔을 베어 물고
당신의 왼쪽 가슴에서 사랑을 묵히다
짠, 하고 얼굴 내미는 그 물고기다

빗소리 예절

불지사 앞,
후줄근한 웃옷을 툭툭 털며 합장을 합니다
푸른 이파리들의 난타 소리가 귓전에 머물고
몸과 마음을 가다듬습니다
나는 나와의 경계를 허물어
누구도 열어보지 못한
누구에게도 쉽게 열리지 않을
마음의 열쇠를 열었습니다
숨소리마저 엄숙합니다
발꿈치가 폭포수에 닿았을 때는
아이들 웃음소리 까르륵, 까르륵 들리더니
굽이굽이 몇 고갯길을 넘어서
흩어진 맘으로 구름의 날개까지
한곳에 모았습니다
고요하던 공간이 나로 꽉 찼습니다
뭇소리들이 내게로 스며들었습니다
몸도 마음도 한 방울의 비가 되었을까요
비는 비대로, 소리는 소리대로
갖춤과 못 갖춤이 어우러져

바람으로 살다가 침묵을 안아보는 뿌듯함
가슴이라도 다시 열고 싶습니다
삶을 널어 바짝 말리고 싶은 까닭은
젖은 몸이 악기 소리를
어렵사리 알아듣기 때문입니다

사과의 온도

귀산동 밤바다에서
외로움 키우는 나를 보자마자
사과는 가슴속 달을 꺼내
환하게 불을 켜네

그 달이 물에 빠질세라
손바닥으로 받치자
물속에서 놀던 별빛
같이 놀자 하네

몸 낮추고 마음 담그니
한 사발 물빛이 벌컥,
뱀 머리 흔들 듯 풍겨오는 비린내
코끝을 자극하네

사과의 몸에서는
우주의 온도를 서서히 올린다

석 류

높은 담장 허물고 낮게 쌓던 날
석류나무와 목련을 심었다
목련은 오리주둥이로 날아와
일주일쯤 앉았다 가고
석류나무는 초록 귀 늘려
짙은 향수 뿌리고
종 같은 별을 달아보기도 했다

바지게로 내 스물을 넘기시던 아버지,
새벽이면 천식으로 콜록콜록
입술은 가쁜 숨 몰아쉬었다
갈라진 허공 사이
내 속 투정이 알알이 보이고
하룻밤 별은 유성이 되어 날아갔다

당신 떠나고 꼭대기에 남은 석류 한 알
샛별의 외로움 뒤집어쓰고
누에나방 한 마리 길러내던 밤
거친 숨소리 내 곁에 앉아
어깨를 다독인다

그때 다듬이 방망이가

  사내가 쇠스랑에 두엄과 낟가리를 마당으로 옮긴다

  부섭지붕 아래, 꽃 담요 뒤집어쓴 술독은 담쟁이 밑으로 잔을 건네고 있었을까

  볏을 세운 채 깜박 졸던 어미 닭은 병아리를 쫓기 바쁘다 참새들 우르르 몰려간다 감나무는 몸을 떤다

  담 넘던 고양이 망을 보다 폴짝 뛰어내린다

  할머니는 누룩 한 짝을 재빠르게 통치마에 밀어 넣고 방석으로 삼았다 잠시 멈칫했던 다듬이질 소리 천장과 바닥이 붙었다 떨어지고, 벽과 벽의 틈새가 좁아졌다 넓어진다

  "할매 일어나 보이소"

할머니는 들은 척 만 척 방망이질만 하자 사내는 대뜸 마루에 올라서서 치마를 쇠스랑으로 달싹 들었다가 놓았다 "이놈이 감히 오데 남의 아녀자 치마 밑을" 방망이가 사내의 대갈통을 후려쳤다

회오리바람 한 줄기 목을 비틀다 사라진다

연중행사

아버지는 보릿대모자를 좋아하셨다
머리를 깎아드린다 해마다 이맘때면

무허가 벌집을 철거하자
벌들은 우리들이 잘 모시고 있는데
웬 소란이냐며 무차별 삿대질이다

일단은 한 발 후퇴, 두 발의 전진이다

전화기는 각지에 흩어진
오빠들과 동생을 불러 모아
뒤늦게 잔술 부어 놓고 절을 한다
마치 참회라도 하듯이

대쪽 같은 절개도
책가방의 무게를 견디기 어려워
소 돼지 기르고 바지게 만들고
이집 저집 돈을 빌려 가며 학교를 보냈다

자식 농사는 하늘에서 내려주는 것일까

싸릿대로 키우고 호령으로 꾸짖다가
정직하게 살아라,
콩 한 쪽도 나눠 먹으라던 아버지는
꽁꽁 언 땅으로 거처를 옮기시고
여전히 타이르는 잔소리를 궁리하신다

제4부

주남저수지에서

그해 일기

인천의 고온이 핸드폰에서 머뭇거리던 오후
땡볕은 온도계를 한껏 밀어 올리고
아래채 담장을 타고 오르는 호박 넝쿨
아버지는 봄에 호박씨를 심어 놓고 돌아가셨다

거미는 언제 호박잎에 삶을 부려 놓았을까
잎맥으로 흐르는 선들이 거미집을 닮았다

머릿수건 밑으로 흐르는 땀방울을 훔치시며
들깻잎과 가지를 따오시는 엄마를 보며
갑자기 날아드는 측은한 마음
엄마, 당신은 사랑의 텃밭
호박을 눈으로 꾹꾹 눌러 하루를 그리고
찜통더위가 서산마루 발길 돌리기 전에
호박잎도 뙤약볕이 끓여 놓은 담을 넘다가
숨이 차서 개 혓바닥처럼 늘어졌는데
아무것도 모르는 나는
그 위에 사랑의 온도를 빌려 생을 논한다

집 앞, 강변 버드나무에서
매미의 울음소리 불길 타듯 몰려온다
너무 뜨거워 못살겠다는 넋두리가 아니라
삶을 즐겨 고함치며 살고 싶다고

기차 여행

레일 위 수다는 조용조용
걸음나비 짧은데

낙동강 물은 먼 길을 재촉하며
몸을 뒤척이고

한동안
물의 옷깃을 눈으로 만지니

스치는 햇살이 뜬금없이 묻는 말
"재밌냐"

마음이 먼저 생글생글하는 말
"응, 기차는 잠도 없어"

까마중

텃밭에 세 들어 살던
까마중이 열매를 달았다
한 생의 선로에서
글 모르는 눈으로 육신을 길렀다
말린 열매들이 컵 속에서 몸을 푼다
보라색 물감들이 잉크처럼 번진다
종이컵은 벽으로 감싸고
색다른 물을 익살스럽게 쏟아 낸다
까막눈이 따라서 돌며
너는 왜 까마중인데?
작고 검은 열매는
나는 아는 것이 없어 까막눈이야
앞으로 친구 되면 참 좋겠어!
몸을 풀어내는 지혜를 보면서
나도 한때는 까마중이었을까
차는 따스하게 몸을 데우고
새 삶을 만들어 불면증까지 치유하는
동글동글한 눈을 가진 귀여운 녀석
그의 품에서 세상의 이치를 깨닫는다

담쟁이

담쟁이덩굴은 오래된 벽을 오릅니다
바닷속 수초 같은 그녀 등 뒤로 물비늘 일고
갈퀴손과 오리발로 벽을 주무릅니다

힘주어 오르는 발을 물살은 밀어붙입니다
애써 붙여 놓은 발바닥을
지나가는 바람, 물그림자도 들춰 봅니다

끝도 없이 발부리를 부딪치고
전복, 멍게, 돌문어 찾는 자맥질에
몸이 자랍니다
또 푸른 바다를 휘저으며
질퍽한 삶을 건져 올립니다

푸, 푸 복잡한 물속은
담쟁이덩굴의 안식처입니다
벽이 다시 허공으로 오르기까지
물질은 계속됩니다

푸른 물, 몸 흔적이 숨비소리를 냅니다
멱살 잡힌 물살을 망사리로 뜹니다
그녀의 하루는 담쟁이 이슬로 아슬아슬
밤새 앓던 소리들 지나갑니다

독

시집간 첫날밤,
배 불려 귀한 몸 되어볼까!

천리를 달려온 독 하나 살강 밑 부뚜막에 앉았다
끼니때마다 부지깽이 베어 물었다

바가지 한 입에 흙먼지 묻은 독을 물걸레로 닦았다
한 번씩 남편의 손이 속을 휘저었다
뱃가죽이 늘어나고 있다

아랫배에선 미풍에 살랑거리는 꽃봉오리 벙글듯
살 트는 소리 들리는 날이면 참아야지
목구멍에서는 목탁 소리가 났다
바람도 가끔 속이 복잡한지 부엌문 떠다민다

뚜껑을 열어 고개 숙이자 간장 냄새 물씬거린다
그릇들 사이로 얼굴이 거꾸로 매달려 있다

부엌 들어서던 나는 머리카락 떨어지는 소리 듣는다
쥐들의 다리가 매달린 채 막 달아나려 한다

뼈마디에서 간장 흐르는 소리 들린다

뒤웅박

사주가 뒤웅박 팔자라면
나는 왜 고무신 거꾸로 신지 못할까

신행 오던 날
아버지는 내 발톱을 잘랐다
그 후 다시는 자라지 않았고
발은 외롭게 걸을 줄도 모른다

많은 사람들의 입방아가
침으로 떡을 빚어도

나는, 나에게
나를 녹이는 기운이 있다

비 내릴 적
엎어 놓은 그릇에는 한 방울의 물도 담기지 않지만
바로 놓은 것에는 물이 한가득이듯

바위처럼

불도저야 날 밀지 마
내가 무슨 힘이 있다고
천둥이 하늘과 허공을 귀싸대기 때리고
번개가 허공에서 폭죽 터뜨리자
나는 콜, 콜, 콜 타고 성로원으로

두근두근 가슴은 별빛으로 반짝
비 와서 젖으면 젖어서 괜찮고
바람 불어 볼 시리면 시려서 다행이고
햇살이 비추면 기운 받아서 좋고
무엇이든 긍정으로 여겼던,

남의 이야기에 동요하지 않고
할 말은 거슬리지 않게 조용조용
세상에는 하나인 것이 많은데

우직함 속에서 나는 태어났고
내 속에서 당신 태어났으니
우린 영락없는 한 가족

물의 지도

햇살이 후다닥 치맛자락 접을 무렵
붓의 기억력은 질긴 것이어서
빗살무늬 그림자 새기며
몇 번을 총총거리더니
달마상 하나 뚝딱, 종이 위 올려놓고
옷깃 여미는 경건함 있지

화선지를 뛰쳐나온 한 방울도
슬픔은 기린의 목처럼 길게 물려 있지

내가 지도의 한 부분이 될 때
물이 피 되어 돌고
다시 몸이 되고
포호빙하 소리를 오감으로 듣기도 하지만
물은 제 길을 찾다가 우물을 퍼내는 것
깊은 우물일수록 속내의 깊이도 있어
강, 바다로 팔다리 쭉 뻗어 안아 보고
다시 산허리 잡고 빙빙 돌다가
물길 찾아 오롯이 돌아오는 녀석들,

여백과 여백 사이 다녀간 길 있어
그들이 달마를 놓는다 해도
물의 길은 그 속에서 살아남고 싶었지

밤마다 첫 단추 끼우는 아픔으로 나를 가두고
내가 나를 몰라 어렵게 만들고
암흑의 터널 길기만 했지
물의 지도를 따라 밤낮 울면서 걷지만,
생의 가운데는 웃는 순간도 있지
늘 슬프다가 잠깐 웃는 것
그건 지도에서 제일 높은 곳이었지

밤바다

공중에 묶어 두기로 했어요 나는, 나를
선상의 불은 꺼지고 고요가 흘러요
갑자기 축포가 꽝, 꽝꽝
꽃잎이 굉음과 함께 쏟아지고요
푸른 숲 사이로 파란 곰이 지나가요
다리 약한 고라니가 뛰어내려요
아, 아, 한쪽 다리 절룩이는 비명 터져요
나는 칠흑 같은 배 위에 서서
내 소리에 내가 놀라 두려웠던 거예요
지난날들을 불꽃 속에 넣어서
뻥튀기처럼 튀겨 보았어요
짓무른 꽃잎이 발 아래서 신음하네요
속울음이 갑판 위에 떨어져요
바다도 잊고, 나도 잊고, 시간마저 잊고,
여수 밤바다의 불빛을 주물러
수면 거울을 만들고 있어요
나는 나를 다시 비춰 볼 수 있기 때문이지요
가슴의 무게가 축포로 잘게 부서지는 밤

시월의 구름

내 생일 뒷날,

애타는 그리움 뜨겁게 불사르듯
꽃잎 되어 날아간 그녀

긴 바람 구름 사이로
갈대밭 휘젓고

눈길이 창밖으로
자꾸 길마중 가는데

마지막 머금고 간 미음 한 술로

하늘 올라가는 먼, 먼 길에
징검다리 만들어 놓고

나를 불러 세우는 시린 물렁**뼈**

솜이불

가끔 데리고 다녔지 나는, 나를
물고기와의 뜨거운 밤을 약속이나 한 듯

지렁이와 깻묵 몇 가지 도구들 챙겨
마을 어귀에서 낚싯대 드리웠지

휘리릭
퐁당
다시 퐁당
물살 찢기는 소리 요란한데
허공마저 찰랑찰랑

달빛이 구름과 뒹굴 때
당신과 나는 이불 속에서
서로 발길질 잦고

일렁이는 물결
밀었다 당겼다 누운 등 두들긴다
입질 없는 물고기 추만 늘릴 때
눈치 없는 잠 스르르 내려와
죽음까지 덮고 있었지

아마도 솜이불처럼 두터운
속눈썹을 가진 적이 있었지

어시장

태양이 아침 바다에서 눈을 뜨면
팔다리는 돌을 매단 듯 무겁다
등뼈는 뻣뻣한 간 절인 고등어,
햇살은 열린 창문 틈으로
하늘빛 엽서를 건넨다

부리나케 시장으로 달려간 나는,
여섯 아이들을 먹여 살려야겠다는 생각에
머릿속에는 노란불이 켜진다
불빛은 집과 어물전 사이에
무지개다리를 만들었다

고기들을 많이 팔아 야채를 사야지
어물전에서 고기를 만나는 것은
붉은 생을 물리는 일과 같다
고기는 바다를 먹고 자라서
다시 우리에게 쪽빛 희망을 먹인다

소금 치고 칼질하고 내장을 꺼내
간도 쓸개도 버려야 하는 몸짓들이
야금야금 하루해를 물들인다

의자

식탁 옆, 의자 하나 누웠다

달이 제 빛을 삼키다가 놀라서 초승달 되고

까치 소리 요란하다

의자 발목에 상처 생길 때
소나무 아래서 우는 매미는
의자를 외면하고 소나무만 고집했다

잠은 이면에 이면을 지고
의자도 가고 싶은 곳이 있을 만도 한데
수십 년을 버텨 내어야 할 공간

한자리에 모인 납골당
선인의 생각 늘어만 갈 때
또 하나의 자리를 만들어야 할까

일렬로 놋그릇 줄 세우던 노모 생각
밤마다 마중 갈 달그림자 선하고
잠 깬 새벽은 쇳물에 머리를 감는다

주남저수지에서

생각이 세포 분열을 하면
임신 칠 개월짜리인 내가
무슨 꿈을 담을 수 있을까

둥그스름하게 솟은 엄마의 배 안에서
우주의 숨소리를 듣고
새 다리는 탯줄이 되어
사랑스럽게 안아주는 체온을 느낀다

재두루미, 흰비오리, 노랑부리저어새, 청둥오리들
크고 작은 생물의 미동과 함께
태동 소리를 흉내 내듯 움직이고
새 생명을 안고 살아가는 몸짓은
저수지를 환히 들여다보는 탐스러운 달빛

탐욕도 성냄도 죄다 내려놓고
귀한 걸음마다 희망의 씨앗 뿌려
삶의 활력소를 새의 날개 위에 올린다

눈으로 듣고 귀로 익히는 고귀한 물소리까지
신비한 곳에서 비행을 꿈꾸는 나는
고즈넉한 행복 속에서 풍경에 젖는
난생처음 태아가 된다

향수

 단단히 묶지 말아요. 가끔씩 움직이도록 말이에요. 기억에는 틈이 있어요. 틈은 잠 속에도 들어오고 꿈속에도 앉아서 다람쥐마냥 돌고 돌아요. 어린 시절, 앞산이 다슬기 잡고 바위를 오르다가 모래밭으로 떨어지기도 했어요. 난장이가 쏘아올린 작은 공은 앵두나무에 매달려 까치발로 앵두 따서 먹었어요 오디 따먹고 입술을 바꿔 달던 날, 어머니 입가의 미소는 거울이었을까요! 쑥을 캐서 국을 끓이면 봄 치마가 숟가락 잡고 살랑거리고 초등학교에서 나누어주던 강냉이죽, 식빵의 절반은 늘 동생 몫이었어요. 생각나요. 입술이 바짝바짝 마르도록, 아버지 하늘나라 가신 지 20여 년 육 남매 자라서 고향을 등짐으로 챙겨 헤어지고 어머니만 지킴이 되셨을 뿐,

 마음대로 안 되는 게 인생이더라고요. 형제들 두레상에 자주 모여 98세 어머니 모시고 내가 등짐을 받아 줄 거예요. 끈으로는 다시 묶지 못할 짐

제5부

능소화

개나리

어제, 영천 만년교에서 너를 떠올렸지

야무지게 내 눈길을 뺏어버린 너는
노랑 저고리에 초록 치마를 입고

봄이면 어린 시절 찬양하는 춤꾼이었지

난, 네 꿈도 잊은 채
춤추는 몸짓도 잊은 채
망각의 길로 들어선 지 오래

헤어날 수 없는 침묵의 고문에서
결국 눈까지 잠그고 말았지

내 안의 그리움은 온통 노랑이야

찰 나
—남해 해관암에서

삼신산, 인연 찾아 오르면
임금골, 대밭 등진 암자에
곱다란 소나무 마중 나온다

누렁이와 눈 맞추면
새록새록 떠오른 옛정
상사화가 화들짝 눈길 채 간다

포대화상 뱃살 놀라 붉어진 얼굴
속마음 부끄러워 발걸음 빨라지고

대웅전 둘러 공양간 들르면
긴 밥상, 후덕한 인심 눌러 담아
손짓하며 중생 불러들인다

오가며 바른생활 외치는 사람들
모자람은 충분하게 채워 가시라

채움보다 큰 공덕은
비워야 하는 것을 깨닫는 순간

경호강 · 3

물에서 아빠 냄새가 난다

어린 나 데리고 수없이 건넜을까
풀을 베서 이고 지고 나뭇짐과 함께 나룻배를 타고 강을 건넜다

강을 오가며 길고 짧은 그림자를 빠뜨렸고 젊음과 추억을 흘렸지만 향수는 공기도 옮기지 못했을까

고향 주변은 미루나무가 많았다 매미 울음소리 빛을 잃어가도 뭉쳤다가 기억의 끈을 당기면 술술 풀렸지만, 물의 다리처럼 숨소리를 늘였다 줄였다 물때는 어린 내 발을 가끔 당겼고 나는 이유도 없이 넘어졌다

예쁜 돌을 보면 주저 없이 주워 돌아가신 아버지로 여기고 싶었던 적 있다

밤이면 반딧불이 불을 켜고 잿빛 수초 위에서 달마중할 때
놀란 재첩 소스라치게 몸 움츠려 그리움을 대신 삼켜줬지만

살여울에는 가르랑가르랑
환절기를 지나가는 아버지 숨소리가 산다

경호강 · 5

돌 하나를 주워서 얼음 위에 던졌더니
번개보다 빠르게 꽝, 하고 스쳤을까

셈하듯 살아온 길 멀찍이 돌아보니
부끄러운 속살도 빼꼼히 내밀고
소 먹이며 고둥 잡던 기억들을 꺼내
물총새가 부리로 그리움을 적는다

그 펜촉의 순간은
전깃줄에 매달린 물방울처럼
차마 쉬 놓지 못하고

거친 맨발을 씻어주던 청보리 바람
휘청, 휘청
꿈을 싣고 흔들리더니
추억의 한 페이지를 다시 넘긴다

꽃 잎

서늘한 밤공기가 입술을 말리고
타는 속마음 뉘 있어 보일까

손수건에 새기던 당신의 고운 심성
그립고 또 그리워서

숨겨진 향내에 나를 비벼
그대 숨은 꽃자리 아래
내 얼굴 깊숙이 묻어 둡니다

능소화

사랑 애기 한 다발 허공에 부려놓고 모가지 흔들어 볼까

원숭이 새끼처럼 매달려 응석 부리던 내 첫 애인은 얼음물만 찾았다

애인은, 애인을 동경하면서 안경을 창밖으로 던지곤 하였다 몸속은 환청에 젖어 마중물로 그림자 쏟아붓는다 꽃대 혀끝은 용광로에서 나온 철판으로 굳어지고 있다

하늘에 머리를 묻을 때도 입을 크게 벌려 웃던 그는 모가지가 길어져서 낮은 담장 훌훌 잘도 넘었다 제대 3개월 앞두고 창문 밖의 구름에 머리를 맞은 것이 화근이었다

둥근 구멍 난 창문, 닫아걸어도 그의 몸 냄새 코끝을 찡 돌려놓았다 택배 아저씨의 손자국 온기가 번개로 지나간다

첫 번째 애인은 열한 번째 애인의 목덜미를 쭉쭉 뽑아 올린다 기운 빠진 배꼽의 결림 순간의 웃음을 잡아먹고 만다

이웃집 담장에 내 마음 걸어 둔다

복숭아 주무르지 마세요

목구멍이 포도청인 아줌마,
삼복더위에 마산역 광장에서 복숭아 팔고 있다

얼굴 붉은 복숭아는 새색시 적 부끄러움을
민낯으로 골판지 펴고

"주무르지 마세요, 영감 불알이 아닙니다"

코로나 4단계로 거리를 유지해야 하는데,
눈길 주는 사람이 얼마나 있다고 시위는 무슨 시위

차라리 "눈길만이라도 아프게 주세요"가 어떨까

주무를 수 있는 영감 불알이 있기는 한 것인지
호두알처럼 탱글탱글한,

마지막, 귀

손바닥을 맞대니 어머니의 공간이 생겼다
극락왕생하옵소서!

자. 마지막으로 고하세요
장례식장 장의사 말에
안녕, 잘 가요
막냇동생 뒤를 따르며 손을 흔들다가
엄마를 안고자 했는데, 오히려 팔이 길어지면서 나를 껴안는다

꽃장식을 한 당신은 가냘픈 향기마저 뿌렸지만
눈물은 장닭이 암탉을 몰고 가듯 소나기로 지나가고
우리들 걱정은 마시고
고통과 아픔이 없는 나라로 훨훨 날아가세요

다시 양철지붕 두드리듯 "후드득" 비애의 입맞춤이 몸을 감싸고
고마웠어요, 감사해요, 사랑한다고 외치다가
화장장 문이 귀로 닫힐 때는

허리띠 풀어놓고 손으로 입을 막았다

유난히 큰 귀를 가졌던 엄마는
세상 소리 다 모아서
103개의 꽃잎이 한꺼번에 떨어지듯
그렇게 날아가 버렸다

"아나바다"

관광버스 안에 바다가 생겼다
"아나바다"라고

코끼리 발자국을 포개놓은 듯
크고 둥근 원 안에서 꽃들이 향기를 뿜는다

새와 펭귄과 북극곰까지 여행을 왔다

버스는 달리고 작은 몸짓이 움직일 때마다
펭귄은 뒤뚱거리며 손뼉 치고
강남 갔던 제비는 돌아와 웃어주고
노래하는 딱따구리들 있고
북극곰은 자태를 뽐낸다

그림자는 문어발 키우며 땀을 뻘뻘 흘린다

분위기는 물의 기류처럼 순탄하게 흐르고
오직 전진도 후퇴도 없는 정점,

아껴쓰고, 나눠쓰고, 바꿔쓰고, 다시쓴다는 것은
우리들의 일상 문화를 코로나가 바꿔 놓았듯
새로운 바다다

저녁노을은 차창 밖 윤슬로 반짝이고
나는 그 바다에 푹 빠졌다가
다시 건져진 유물 중의 유물이다

아마도 당신에겐 내가 장미 아닐까요?

새벽잠 깨워
약수터 다녀온 당신과 함께
날 불러내는 덩굴장미 한 송이

어색했던 사이에
붉은 향이 다리 놓았다

부푼 가슴은 심장 업고 뛰었다

코끝으로 두어 번
향을 삼키다가
뼛속까지 파고든 마음의 흉터들,

가시로 찔러 볼까
향수를 발라 줄까

아랑곳없이
나를 용서하는 풋풋한 살내음

화 분

누군가의 발자국을 기다리는 밥솥에는

삶을 세수한 얼굴로
정성스레 피워 올리는 힘줄의 심지

점심시간 골탕 먹인 허기진 배
운동장 한편에서 서성이다가
화장실 옆 바위틈 영산홍에게 촉촉한 눈가를 들켰다가
무리 지어 피어나는 아지랑이로 발등을 덮고
당신에게 기대고 싶어 웃음꽃이라도 보내고 싶다

식솔의 발자국을 염려하는 밥솥은 엄마 품이다

천왕봉 부엉이

어둠이 치렁치렁한 밤,

산이 깃털보다 가볍게 옮겨
부엉이의 울음소리 가슴에 안긴다

들썩이던 깃털을 겨우 누르고 구상나무의 애간장과 소나무의 햇살 이야기를 실타래로 풀어 꾸러미 삼는다

차곡차곡 쟁여지는 뼈마디 부딪는 생각
아무리 슬퍼도 마음에서 목뼈까지의 거리는 너무 멀다
하늘은 높이 떠서 울음소리를 뿌렸다가 거두기도 한다
허공에 걸터앉아 경상도와 전라도를 둘러본다
밟히는 건 아픈 발자국,

물 위로 치솟는 고래 등 같은 청춘의 호령 속에 가을 단풍 이미 붉고, 끌려가는 아들 보며 어미 가슴 찢던, 쇄골 속에서 용수철로 자아올린 뜨거운 눈물, 눈물들

아픔이 아픔으로 조리질했었지

산새 울음에 산 능선이 울고 내가 울고 치맛자락 펼친 천지가 들썩들썩 아픔은 또 다른 역사의 이면에 이면이었지

지금도 쉬 잠 못 이루는 부엉이 울음

치자꽃

눈물 울컥거리는 얼굴에
시든 꽃 지나가고
딸아이는 그늘 밑으로 빠지고 있다

남편 눈알이 노랗게 익어가고
쓰러진 향을 주워 담는 침대
또 토한다

링거 줄 누르면
복수 찬 달이 두 손 잡고 부르르 떨고
부풀어 올리는 그림자
침대 위에 올려놓고
한입에 삼킨다

부르튼 처방전 갈기갈기 너덜거렸다

"함께 죽자"

무덤가로 먼저 뛰어가는 치자나무
향은
울부짖는다

화엄봉
―남해 금산

금산 바람이 몸에 붙은 소금기를 말리면
그 바람결 따라 우뚝 솟은
육 남매를 거느린 우리 엄마

턱 버틴 바위가 화華 자를 닮아
오래전 다녀간 아픔을 내게 전하고

병시중 남편 잃고 얻은 마음 한 조각으로
허리를 반쯤 드러낸 채 절하던 당신

눈인사 건네는 보리암
지난날을 바위 속에 가두고
날씨는 저 멀리 있는 섬들을
아버지가 남겨준 눈물로 줄을 세운다

새털구름이
언뜻언뜻 기억을 꺼내 펼치면
화엄의 봉우리 다시 활짝 웃는다

해
설

유년의 강에서 길어 올린 상상력

이응인 시인

| 해설 |

유년의 강에서 길어 올린 상상력

이응인 시인

  조수미 시인은 경남 산청에서 태어났다. 여러 오누이들과 뒹굴고 북적대면서 활달하게 자랐다. 2022년 《한맥문학》 신인상으로 등단하기 전부터 여러 백일장에 나가 입상하면서 자질을 보여 주었고, 대학의 평생교육원이나 시민문예대학 강의를 수강하면서 시적 역량을 쌓아 왔다.
  조수미 시인의 시를 읽으면 새벽안개가 서서히 걷히는 아침을 떠올리게 된다. 안개가 살금살금 피어오르면서 보일 듯 말 듯하던 봉우리들이 하나둘 모습을 드러낸다. 그 안개의 아래쪽에는 깊은 골짜기나 끝없는 바다가 펼쳐질지도 모른다. 첫 시집을 통해 그 몇몇 봉우리들을 짚어 볼까 한다.

열여섯, 멈추지 않는 콩닥거림

이번 시집에 실린 시들 중에서 가장 먼저 눈에 들어온 것은 〈개나리 우편함〉이다. 이 시는 열여섯에 찾아온 첫사랑을, 개나리 꽃가지 사이로 전하는 쪽지를 통해 노래한다.

폴짝, 담장에서 봄이 뛰어내리면
감나무 아래 꽃나무들은 젖몸살을 앓는다

열여섯, 나도 무화과만 한 젖무덤 키울 때
개나리는 우편함이 되었을까

쪽지 편지는
돌담 구멍으로 기어드는 휘파람 소리와 함께
가지와 가지 사이에서
나를 부르며 찾고 있었다

아버지 기침 소리는
가슴을 졸여 놓고
그네 타는 꽃가지는 바람을 흔든다

창호지에 붙은 유리를 이용해
마당을 살피는 버릇이 생겼다

뒷간은 나를 빙빙 돌리고
늘어진 꽃가지를 손으로 쓸어 만지다가
고양이로 날렵하게 쪽지 편지 주워서
남몰래 읽어보는 그 기분.

"나는 네가 좋아, 무조건 좋아"

처음으로 받아 본
노랑 고백은
휘영청 밝은 달빛에도 한 번씩 피었지만
샛노랑을 귀로 읽는 그 자체가
나를 어지럽게 했다.

─〈개나리 우편함〉 전문

"폴짝, 담장에서 봄이 뛰어내리"는 감각적인 표현으로 시작해서, 열여섯의 가슴 두근거림을 드러내기 시작한다. 돌담의 구멍으로 "휘파람 소리와 함께" 전해지는 쪽지 편지는 노랑 개나리꽃 사이에 숨어 있다. 꽃처럼 두근두근 피어나서는 멈추지 않는 콩닥거림으로 와닿은 그 노란 쪽지. "아버지 기침 소리"에 가슴을 졸이다가, "뒷간은 나를 빙빙 돌리고"(뒷간을 핑계로 빙빙 돌면서), "늘어진 꽃가지" 속에서 "날렵하게 쪽지 편지 주워서" 읽는다. "남몰래 읽어보는", "처음 받아 본/ 노랑 고백"을 어떻게 표현할 수 있을까. "샛노랑을 귀로 읽는 그 자체가/ 나를 어지럽게" 할 뿐이다.

"담장에서 봄이 뛰어내리면" "꽃나무들은 젖몸살을 앓는다"니? 꽃나무들이 세상에 젖을 물리고 있다는 말인데, 그러면서 "나도 무화과만 한 젖무덤 키울 때"라고 고백한다. 뒷간 주위를 빙빙 돌다가 "늘어진 꽃가지를 손으로 쓸어 만지"는 척하다가, 쪽지 편지를 발견하고는 "고양이로 날렵하게" 주워서 읽는다. 이런 생생한 감각적 표현은 열여섯의 가슴 두근거림과 짝을 이루어 황홀함에 젖게 한다. "샛노랑을 귀로 읽는 그 자체"에서 보듯, 화자는 눈으로 읽는 것이 아니라 쪽지를 전한 이의 목소리를 생생히 떠올리고 있음이 분명하다. 그러니 그 황홀함으로 어지럽지 않겠는가.

'개나리 우편함'의 "노랑 고백"은 이내 "내 안의 그리움은 온통 노랑이야"(〈개나리〉)로 이어진다. '개나리 우편함'의 기억이 열여섯 소녀를 오늘의 시인으로 만들지 않았을까 싶다.

　　내 가슴 뜨거워져 빈 종이에 옮기다 보면
　　은유로 엮어가는 디딤돌 문장인데

　　시어만
　　건드려 놓고

달아나는 사랑아

사랑에 눈이 멀어 뒤돌아보면
아득한 그 시간은 발자국 동여매네

우리네
삶이라는 건
뒤쫓아 온 슬픔이지

─〈그림자〉 전문

〈그림자〉는 아련히 멀어지는 사랑에 대한 안타까움을 그리고 있다. 또한 시인의 시작법을 엿보게 하는 시이기도 하다. 쿵닥거리는 가슴을 "빈 종이에 옮기다 보면/ 은유로 엮어가는 디딤돌 문장"이 놓인다. 그 디딤돌을 하나씩 놓다 보면, "시어만/ 건드려 놓고/ 달아나는 사랑"을 만난다. '건드려 놓고'라는 말이 암시하듯이, 시로 제대로 표현되기도 전에 저만치 달아나는 것이다. 그 "사랑에 눈이 멀어 뒤돌아보"지만, "아득한 그 시간은 발자국 동여"맬 뿐이다.

이제는 아득히 멀어진 사랑! 그렇다. "우리네/ 삶이란 건" 늘 "뒤쫓아 온 슬픔"이다. 그러면서도 그 사랑을 놓아버릴 수 없어서, 그래서 오히려 시를 쓰는지도 모른다.

아프고도 달달한 기억들

숱한 시인들의 시는 어린 시절에서 시작된다. 루이즈 글릭은 시 〈귀향Nostos〉에서 "우리는 세상을 단 한 번, 어린 시절에 본다./ 나머지는 기억이다."라고 노래하기도 했다. 산청이 고향인 조수미 시인의 어린 시절은 즐거움과 고통스런 기억이 얽혀서 함께 뒹굴고 있다.

> 횃대에 불붙네 허공을 찌르는 뜨거움이 화르르 화르르 널뛰기 시작하네 횃불은 경호강으로 흘러 달빛과 동행을 하네 고기를 찾네 다슬기도 찾네 매미는 높였던 목소리 낮추네 조무래기들 실개천 따라서 길어지는 노래 부르네 강물 속에는 다슬기 푸른빛이 바위를 더듬고 히죽히죽 웃는 흰 고무신 몇 년째 떠내려오네 그녀는 다슬기만 보면 반딧불이 떠올리네 허공을 날고 싶은 충동이 이네 횃불은 하류에서 물뱀처럼 움직이네 나는 모래밭을 거닐다가 발밑에서 꿈틀거리는 모래무지보다 먼저 놀라네 놀란 녀석 저만치 나앉아 물 위에 퍼덕이는 가슴팍 모래 불어 식히네 퐁당퐁당 조막손 바위 이끌리어 다슬기 쌓이네 횃불이 그을음 뱉어내네 온몸에서 닭살이 돋아나네 털이 몸을 떠나려 하네 어떤 여름은 우리 집 지붕을 건너뛰기도 한다네
>
> ―〈씨암탉〉 전문

여름밤 냇가에 물고기를 잡으러 갔던 '야치기'의 기억

에 바탕을 둔 시이다. 함께 따라나선 화자는 다슬기를 줍고, 발밑에서 꿈틀대는 모래무지에 놀라기도 한다. 하지만 이 시 전반에 깔린 분위기는 생동감으로 가득하다. 횃불이 "널뛰기 시작하"고, 횃불과 달빛이 동행하면서 "조무래기들 실개천 따라서 길어지는 노래"를 부른다. 물빛에 어리어 "히죽히죽 웃는 흰 고무신"도 만나고, 반딧불이처럼 "허공을 날고 싶은 충동"에 붙들리고, 모래무지에 놀라 "물 위에 퍼덕이는 가슴팍"을 식히기도 한다. 물에 오래 있다 보니 "온몸에서 닭살이 돋아나" "털이 몸을 떠나려" 한다고 과장하지만 싫지 않은 기억이다.

마지막 문장 "어떤 여름은 우리 집 지붕을 건너뛰기도 한다네"는 묘한 울림을 주는 상상력의 발동이다. 꿈결처럼 훌쩍 떠나버린 여름 한철에 대한 아쉬움 같은 것도 느낄 수 있고, 지붕을 건너뛰는 상식 밖의 행동을 통해, 전혀 예상치 못한 여름이었음을 말하는 듯도 하다. 제목을 '씨암 닭'으로 붙인 까닭을 상상해 보는 것도 재미있다. 하여간 시인의 기억 속에 담긴 어린 시절은 기억이라고 하기에는 너무나 생생하게 살아 퍼덕인다.

묘목밭 매고 삼십 원 받았다 도라지 캐고 고사리 꺾고, 땔감을 구했다 오빠와 산청읍의 목욕탕, 가정집에 내다 팔았다 새벽 네 시 이웃집 개는 날치기당한 가방처럼 다급했다 달빛이 살금살금 발을 감싼다 닭이 홰를 치며 또 운다 나뭇짐 위에 책가방 동여매었다 리어카를 밀고 당기면서 온 힘을 바퀴에 실었다

　공납금의 무게가 나무 몇 짐을 번쩍 들어 올렸다

　햇발이 산을 넘기도 전 시린 발 동동거리며 달아나는 쥐 뒷모습 본다 박형식 선생님이 지나가시며 조용히 이름 불렀다 이 시간에 왜 교문 앞에 있느냐? 허공은 손가락도 없이 울었다

　때론 뒤집어 신고 싶은 신발 허공에 매달아 얼굴을 덮었다
―〈난전〉 일부

　앞의 시 〈씨암탉〉과는 달리 〈난전〉은 아픈 기억이다. 오누이가 "도라지 캐고 고사리 꺾고, 땔감을" 읍내 "목욕탕, 가정집에 내다 팔았다". "새벽 네 시"에 집을 나서면, "이웃집 개는 날치기당한 가방처럼 다급"하게 짖어댄다. "나뭇짐 위에 책가방 동여매"고, 오누이는 "리어카를 밀고 당기면서" 길을 나선다. 오누이에게는 "나무 몇 짐"보다 더 무거운 "공납금의 무게"가 얹혀 있다. '난전'은 물건을 다 팔아야 일어설 수 있는 곳. "시린 발 동동거리며" 서 있는

데, "박형식 선생님이 지나가시며 조용히 이름을 불렀다".

"이 시간에 왜 교문 앞에 있느냐?"

무어라 말할 수 없는 심정이 된다. "허공은 손가락도 없이 울었다". "때론 뒤집어 신고 싶은 신발"이었다. 그 신발로 얼굴을 가렸다.

이 시는 지우려 해도 지워지지 않는 청소년기의 아픈 기억, 그 순간의 창피하고 난감한 심정을 생생히 되살리고 있다. 〈종구라기〉라는 시에서는 "볕 좋은 날/ 장독 뚜껑 열어 주기만을 기다리는" 종구라기의 신세에 자신을 빗대어 "종구라기와 나는/ 거기서 거기"라고 표현하고 있다.

이처럼 그의 어린 시절은 살아 퍼덕이는 즐거운 기억과 힘겹고 난감했던 상처가 함께 자리하고 있다. 그리고 그 시절 시인에게 가장 큰 공간을 차지한 것은 아버지이다.

아버지, 그리움의 근원

조수미 시인에게 고향 산청은 아버지의 든든한 등허리이다. 시인의 회상 속에서 아버지는 고향 산청과 인드라의 그물처럼 엮여서 비추지 않는 곳이 없을 정도이다.

물에서 아빠 냄새가 난다

어린 나 데리고 수없이 건넜을까
풀을 베서 이고 지고 나뭇짐과 함께 나룻배를 타고 강을

건넜다

(…)

예쁜 돌을 보면 주저 없이 주워 돌아가신 아버지로 여기고 싶었던 적 있다

밤이면 반딧불이 불을 켜고 잿빛 수초 위에서 달마중할 때
놀란 재첩 소스라치게 몸 움츠려 그리움을 대신 삼켜줬지만

살여울에는 가르랑가르랑
환절기를 지나가는 아버지 숨소리가 산다
―〈경호강·3〉 일부

시인은 고향의 경호강에 이르러 "물에서 아빠 냄새가 난다"고 느낀다. 시인에게 고향과 경호강과 아버지는 뗄 수 없는 한 덩이의 실체이다. "어린 나 데리고 수없이 건"너 다녔던 강이라, 경호강에다 어떤 설명을 붙이지 않더라도 아버지를 자동적으로 떠올리게 된다. "예쁜 돌을 보면" 아버지가 자신에게 쏟았던 마음을 읽게 되고, "주저 없이 주워"서 "아버지로 여기고 싶"어진다. 살여울의 물소리도

"가르랑가르랑" "아버지 숨소리"로 들린다. 이처럼 시인에게 아버지는 고향의 다른 이름이자 변하지 않는 사랑의 증표이다. 그 사랑은 〈붕어빵〉 같은 시에서 잘 나타난다.

> 뭐니 뭐니 해도
> 세상에서 제일 맛있는 붕어빵은
> 막걸리 한 잔을 베어 물고
> 당신의 왼쪽 가슴에서 사랑을 묵히다
> 짠, 하고 얼굴 내미는 그 물고기다
>
> ―〈붕어빵〉 일부

 막걸리 한잔 마시고 귀가하는 아버지, 그 아버지가 품에 넣어 온 붕어빵은 말할 것도 없이 "세상에서 제일 맛있는 붕어빵"이다. 신문지에 둘둘 말려 전해지던 그 붕어빵이 시인에겐 "왼쪽 가슴에서 사랑을 묵히다/ 짠, 하고 얼굴 내미는" 소중한 선물이다. 이렇게 다함 없는 사랑을 전하던 아버지가 병으로 눕게 되었으니, 시인의 성장기 곳곳에 그 기억이 새겨져 있다.
 황달이 "눈동자까지 점령한" 아버지를 대하는 "어린 가슴은 눈물만 훌쩍"일 수밖에 없는 막막함을 만나야 했고(〈마당〉), "하루를 목침 위에 얹고 사시는 아버지"(〈그래도〉)를 마주해야 했다. 석류꽃을 보면 "바지게로 내 스물을 넘기시던 아버지,/ 새벽이면 천식으로 콜록콜록/ 입술은 가쁜 숨 몰아 쉬"던 모습을 잊을 수 없다. "아버지 하늘나라 가신 지 20여 년"의 세월이 흘러 "육 남매 자라서 고향을 등짐으로 챙겨 헤어지고"(〈향수〉) 말았다. 화자와 그 육남매는 "고향을 등짐으로 챙겨 헤어"졌다니, 살아온 세월의 무게를 짐작하게 한다. 이처럼 시인에게 아버지는 고향의 다른 이름이자, 지울 수 없는 아픔이기도 하다.

젊은, 뜨거운, 사랑

조수미는 뜨거운 시인이다. 그 뜨거움은 관념적이지 않고, 감각적이며 육체적이다. 그의 젊음과 건강성을 보여주는 시들은 곳곳에서 만날 수 있다.

> 액자에 남녀가 있다
>
> 붉은 치마에 검정 저고리 여자
> 온통 빨강으로 멋을 부린 남자
>
> 눈을 맞추고 거리를 지우더니
> 허리를 휘감고 입술을 훔치고
> 체온을 부채질하며 달라붙는다
>
> 아랫목이 타오른다
>
> ―〈군불〉 전문

부엌 아궁이에서 장작이 뜨겁게 타오르고 있다. 맞붙어 타오르는 장작은 사랑에 빠져 한 덩이가 된 남녀의 모습과 겹쳐진다. 장작은 붉게 타오를수록 서서히 제 모습을 잃어간다. "눈을 맞추고 거리를 지우더니" 끝내는 한 덩이로 "달라붙는다". 맞붙어 타오르는 장작은 "허리를 휘감고 입술을 훔치"며 하나가 되는 육감적인 사랑의 은유가 된다. 뜨겁다. "아랫목이 타오른다"

이런 육감적인 은유는 〈산딸기〉에서도 잘 나타나고 있다. "여항산 오르는 내 나이 스무 살"에 만난 산딸기. "뜨겁게 오는 마음 살짝 들킬까 봐/ 잎새 뒤에 숨어서 손사래" 치는 그 산딸기는 스무 살의 '나'와 겹쳐진다. "당신도 나인 양 붉어지는 볼"을 마주하며 "콩닥거리는 가슴을 가만히 안고/ 조심스레 당신 품에 안"긴다. 먹음직스런 산딸기로 비유된 사랑, "꿀꺽, 군침이 목젖을 치"는 울렁거림이다.

〈꽃잎〉에서는 곁을 떠난 이를 그리워하는 마음을 떨어진 꽃의 향기로 되살린다. 떨어진 꽃잎과 함께 떠오르는 그대, "숨겨진 향내에 나를 비벼/ 그대 숨은 꽃자리 아래/ 내 얼굴 깊숙이 묻"는다. 그대는 떠나도 여전히 향기로 남아, 그대 떠난 그 자리에 얼굴을 묻게 하는 것이다. 〈대추〉에서는 "같이 산 세월은 삼 년, 보낸 세월은 삼십 년"을 잊지 못해 "가슴 열어 데워 준 그 사람 버리지 못해 밤과 낮은 몸을 섞기도 하지만"이라고 회상한다. 이처럼 그의 사랑은 눈앞에 너무도 생생하게 감각을 펼치면서 뜨겁다.

나는 누구인가

 이번 시집에서는 자신의 정체성을 찾아 헤매고 있는 시인을 만날 수 있다. 〈물의 지도〉에서는 "내가 나를 몰라"서 "암흑의 터널 길기만 했"다고 고백하기도 하고, 〈뜨다〉에서는 뜨개질을 통해 "목마른 밤을 실에 꿰고/ 내가 나를 찾"기도 한다.

> 공중에 묶어 두기로 했어요 나는, 나를
> 선상의 불은 꺼지고 고요가 흘러요
> 갑자기 축포가 꽝, 꽝꽝
> 꽃잎이 굉음과 함께 쏟아지고요
> 푸른 숲 사이로 파란 곰이 지나가요
> 다리 약한 고라니가 뛰어내려요
> 아, 아 한쪽 다리 절룩이는 비명 터져요
> 나는 칠흑 같은 배 위에 서서
> 내 소리에 내가 놀라 두려웠던 거예요
> 지난날들을 불꽃 속에 넣어서
> 뻥튀기처럼 튀겨 보았어요
> 짓무른 꽃잎이 발아래서 신음하네요
> 속울음이 갑판 위에 떨어져요
> 바다도 잊고, 나도 잊고, 시간마저 잊고,

여수 밤바다의 불빛을 주물러

수면 거울을 만들고 있어요

나는 나를 다시 비춰 볼 수 있기 때문이지요

가슴의 무게가 축포로 잘게 부서지는 밤

―〈밤바다〉 전문

  배 위에서 맞이하는 여수 밤바다의 불꽃놀이. 어둠 속에서 갑자기 축포가 터진다. "꽃잎이 굉음과 함께 쏟이지고", "다리 약한 고라니가 뛰어내"리면서 "한쪽 다리 절룩이는 비명"이 터진다. "나는 칠흑 같은 배 위에 서서／ 내 소리에 내가 놀라"고 만다. 하지만 그 놀람을 "지난날들을 불꽃 속에 넣어서／ 뻥튀기처럼 튀겨 보았"다. 그 순간 "짓무른 꽃잎이 발아래서 신음하"고, "속울음이 갑판 위에 떨어"진다. 이런 고통의 순간이 지나 "바다도 잊고, 나도 잊고, 시간마저 잊고" 나서야 "나는 나를 다시 비춰 볼 수 있"게 된다. "여수 밤바다의 불빛"이 만든 새로운 거울을 갖게 되자 "가슴의 무게가 축포로 잘게 부서"진다.

  어둠 속에서 터지는 축포 소리와 쏟아지는 빛을 통해 시인은 지난날의 자신을 만나게 된다. 두려움에 빠져 비명을 터뜨리게 하는 기억들. 그 기억들을 터져오르는 불꽃들 속에 밀어넣자, 여수 밤바다는 그 불꽃으로 거울을 만든다. 그 거울을 통해 "나는 나를 다시 비춰 볼 수 있"게 된다. 과거의 기억을 딛고 자신의 정체성을 찾으려는 시인의 몸부

림이 잘 형상화된 시이다.

 비 내린 어느날, 불지사 앞에 와서 합장을 하면서 비로소 "나는 나와의 경계를 허물어/ 누구도 열어보지 못한/ 누구에게도 쉽게 열리지 않을/ 마음의 열쇠를"(〈빗소리 예절〉) 연다. 〈곶감〉에서는 감이 곶감이 되는 과정을 보며 "내가 나를 넘어봐야/ 비로소 맛 드는 사랑"에 이른다는 것을 자각하기도 한다.

 이처럼 나를 찾는 과정은 지난하여 "많은 사람들의 입방아가/ 침으로 떡을 빚"기도 한다. 하지만 시인은 스스로에게 "나는, 나에게/ 나를 녹이는 기운이 있다"(〈뒤웅박〉)고 다짐을 준다. 〈머루포도〉에서는 "잎새가 바람을 흔들 때마다/ 내가 나를 간 보는" 나르시시즘에 빠진 듯한 모습을 보이기도 한다. 그러면서도 다시 자기 탐색을 나서기를 멈추지 않는다.

비유와 상상력, 모색과 혼란

 조수미 시인의 비유와 상상력은 돌발상황을 연상하게 한다. 그 돌발상황에서 정신을 차리고는 놀라움과 감탄에 젖을 때가 있다. 다음 시 〈파도〉가 그렇다.

   대장장이는 망치로 때려

   녹을 제거하지만

   내 안의 번뇌는 흔들면 깨어난다

누군가 때린다고

다 맞을 필요는 없는 일

힐끗, 흰 눈이 열렸다 닫히면

온순한 세상이 날개를 퍼덕인다

—〈파도〉 전문

  1연, "대장장이는 망치로 때려/ 녹을 제거하지만"으로 시작되는 도입부는 돌발적이다. '파도'라는 제목과 연결하기에는 너무나 도발적이다. 거기다 "내 안의 번뇌는 흔들면 깨어난다"는 역설로 대비를 이루어 약간 당혹스럽기도 하다. 2연에서는 "누군가 때린다고/ 다 맞을 필요는 없는 일"이란 표현으로 당돌하게 1연에 맞선다. 마지막 3연에서는 "힐끗, 흰 눈이 열렸다 닫히면/ 온순한 세상이 날개를 퍼덕인다"로 맺는다. "흰 눈이 열렸다 닫히면"은 "내 안의 번뇌는 흔들면 깨어난다"와 조응한다. "힐끗"이란 부사가 보여주듯, 그리 어렵지 않게 "흰 눈이 열렸다 닫히면" 되는 것이다. 시인은 파도를 새로운 세상을 여는 '눈'으로 읽어내는 돌발적인 상상력을 펼친다. 그러면 "온순한 세상이 날개를 퍼덕인다". 부드럽고도 생동감이 넘치는 새로운 세상이다. 하지만 그 상상은 도발적이다.

  조수미의 시는 풍부한 비유와 묘사로 구체성을 살려내어 생생하게 와닿는다. 비유와 묘사가 시 전체의 짜임과

적절하게 어울리는 일은 아슬아슬한 곡예이다. 장식이 꽃밭을 아름답게 만들기도 하지만 간혹 어지럽게 만들기도 한다.

이번 시집에서 가장 많이 쓰인 낱말이 '내', '나', '나를'이다. '생각', '마음', '가슴', '사랑', '당신'이란 단어도 빈번하게 쓰고 있다는 점을 돌아보면 새로이 길이 보일 것이다. 자기만의 감상을 형상의 언어로 다시 태어나게 하는 일은 모든 시인의 과제이다.

시는 다 말하지 않는다. 말하지 않으므로 해서 말하려는 자기모순의 장르이기 때문이다.

지금까지 새벽 안개를 뚫고 솟아오른 조수미 시의 몇몇 봉우리들을 살펴보았다. 안개가 걷힐수록 그의 세계는 더 넓고 깊고 놀라울 것이다. 조수미 시인의 시가 더욱 짜임새 있고 탄탄하게 펼쳐지길 기원한다.

경남시인선 251

그대 숨은 꽃자리 아래
조수미 시집

펴낸날	2025년 10월 22일
지은이	조 수 미
펴낸이	오 하 룡
펴낸곳	도서출판 경남
주소	창원시 마산합포구 몽고정길 2-1
연락처	(055)245-8818, fax.(055)223-4343
블로그	gnbook.tistory.com
이메일	gnbook@empas.com
등록	제1985-100001호(1985. 5. 6.)
편집팀	오태민	심경애	구도희

ISBN   979-11-6746-203-9-03810

ⓒ조수미

* 잘못된 책은 바꿔 드립니다.
* 저자와 협의 인지 생략합니다.
* 이 책은 경상남도 경남문화예술진흥원의 문화예술지원을 보조받아 발간되었습니다.

〔값 12,000원〕